SORAIA GUERREIRO

COACH

O SUCESSO EM SUAS MÃOS

Coaching e Psicologia Empresarial

"Psicologia de negócios é o estudo e prática de melhorar a vida de trabalho. Ela combina uma compreensão da ciência do comportamento humano com experiência do mundo do trabalho para alcançar o desempenho eficaz e sustentável, tanto para indivíduos e organizações"

A psicologia aliada ao Coaching torna o processo evolutivo do indivíduo ainda mais acelerado e poderoso, os resultados são extraordinários.

Psicologia de negócios para construir um melhor ambiente de trabalho

Psicologia é essencialmente a ciência da mente e do comportamento.

Psicologia de negócios é uma mistura de várias disciplinas, incluindo negócios economia, medicina, linguística, Sociologia, biologia, antropologia, Sociologia e história. Experimentos de psicologia são semelhantes as outras ciências, eles são planejados para confirmar ou refutar teorias ou expectativas. Em psicologia, comportamento humano é os dados brutos e é usado como provas ou uma indicação de como a mente funciona. Embora não observamos a mente diretamente podemos monitorar o que sentimos, acho que... e determinar os padrões e os links para o nosso comportamento. É por isso que nosso comportamento é usado como dados brutos para testar teorias psicológicas sobre como as funções da mente. Assim como o Coaching que é uma mistura de gestão de pessoas,gestão estratégica,gestão de qualidade,gestão de projetos,recursos humanos,administração empresarial,psicologia empresarial,inovação,etc.

A palavra vem da psique de palavras gregas (espírito / alma) e logia (estudo de algo).

No negócio de psicologia, nós estudamos como o comportamento e o cérebro afetar desempenho sustentável para ambos os indivíduos e organizações no local de trabalho. Estudar psicologia num ambiente empresarial investiga como tornar mais eficaz a pessoas e organizações. Através da utilização de métodos de pesquisa científica social para estudar as pessoas, os locais de trabalho e das organizações pode melhor alinham seus múltiplos (e às vezes competindo) precisa. O objetivo de estudar psicologia em um ambiente de negócios é criar relacionamentos saudáveis e produtivos, entre pessoas e organizações para benefício mútuo.

O estudo da psicologia nos negócios não é sobre negócios a dizer o que fazer, mas uma relação de reciprocidade que elabora ideias daqueles com experiência do que funciona no local de trabalho e partilha de novo achando que pode moldar novos comportamentos e práticas. Isso permite que a pesquisa psicológica para ser aplicado e testado em maneiras práticas e para obter dados credíveis para avançar as teorias e práticas. Métodos de recolha de dados típicos incluem questionários, inquéritos, grupos de foco, entrevistas e estudos de caso. Este dados é então analisados através de uma variedade de técnicas analíticas, incluindo estatística descritiva e inferencial, temática e análise de conteúdo.

Aplicações práticas para a psicologia de negócios incluem:

Aconselhar consultores podem dar conselhos sobre uma vasta gama de pessoas e problemas comportamentais no ambiente de trabalho. Estes variam de orientação de carreira para dirigir uma mudança organizacional em larga escala.

Analisar – consultores podem ajudar as organizações a compreender questões (como a rotatividade do pessoal de alta e baixo noivado) e desafios que enfrentam os funcionários em um ambiente de alta pressão.

Design e entregar soluções – consultores podem projetar, entregar e testar a eficácia de soluções para esses desafios. Por exemplo, o projeto de uma ferramenta psicométrica para ajudar a selecionar melhores empregados ou avaliar os níveis de inteligência emocional necessários para o sucesso de gestão.

Teste – o consultor pode então medir a eficácia das intervenções.

Estabelecidos domínios da psicologia nos negócios incluem:

Seleção e avaliação de candidatos

Desenvolvimento organizacional

Coaching e mentoring processos

Desenvolvimento de liderança

Aprendizagem e desenvolvimento

Gestão de talentos e engajamento dos funcionários

Desenvolvimento de ambientes de trabalho seguros

Processos de gestão e avaliação de desempenho

Desenvolvimento de cultura

Testes psicométricos

HISTÓRIA

ORIGENS

 A psicologia tem suas raízes no movimento de finais do século XIX para estudar e medir os motivos e capacidades humanas. Alguns psicólogos precoce, observando a natureza prática de pesquisa psicológica, procuraram aplicar os resultados para os problemas do negócio. Em resposta à insistência de alguns executivos de publicidade, um tal início psicólogo, Walter Dill Scott, a teoria da publicidade (1903), geralmente considerado o primeiro livro, vinculando a psicologia e o mundo dos negócios. Ele foi seguido por a psicologia da publicidade (1908). Outro fundador do campo foi Hugo Munsterberg (1863-1916), um psicólogo alemão, nascido a ensinar na Universidade de Harvard que, em 1913, publicou a psicologia da eficiência Industrial. Livro do Muinsterberg foi fortemente influenciado pelo fascínio com humana eficiência tão bem representada na obra de Frank e Lillian Gilbreth e Frederick W. Taylor (1856-1915).

Quando os Estados Unidos entraram a I Guerra Mundial em 1917, psicologia aplicada realmente entrou no seu próprio. Comités de psicólogos investigaram a prevalência de deficiência psicológica, motivação e moral do soldado. Além disso, os psicólogos desenvolveram um teste de inteligência administrado por grupo chamado o alfa do exército. Enquanto 1.726.000 soldados e oficiais foram testados, pouco uso foi feito dos resultados ao tempo desde que a guerra terminou apenas três meses depois do programa de teste foi autorizado. No entanto, os estudos mostraram que os resultados dos testes foram relacionados ao desempenho do soldado.

Depois da guerra, em 1919, estabeleceu-se o primeiro centro universitária para estudar as aplicações da psicologia aos negócios no Carnegie Institute of Technology. Chamado o US Bureau of Salesmanship Research, foi financiada em grande parte pela indústria de seguro de vida, para efeitos de realização de pesquisas para a seleção e desenvolvimento de pessoal administrativo e executivo, bem como pessoal de vendas.

NEOCLASSICAL SCHOOL

Em 1924, uma mudança de direção foi anunciada pelos experimentos de Hawthorne, em homenagem a Hawthorne de Western Electric Company planta em Chicago, onde os estudos foram conduzidos. Originalmente concebido como um teste de alguns aspectos dos princípios de Taylor, os pesquisadores procuraram o nível ideal de iluminação necessária para os trabalhadores produzir equipamentos de telefone. Em vez de encontrar Taylor assumiu "one-way-melhor", os pesquisadores constataram que a produtividade aumentou após cada alteração na iluminação não importa o quão brilhante ou escuro, eles fizeram isso. Eventualmente, eles concluíram que os trabalhadores estavam respondendo a atenção se como parte do estudo especial de pesquisa e este fenômeno passou a ser conhecido como o efeito de Hawthorne. Até este ponto, pensar em organizações de trabalho tinha sido dominada por clássica (ou seja, burocrático ou da máquina) teoria. Os trabalhadores eram vistos como extensões do trabalho e o objetivo era organizar a actividade humana para alcançar a máxima eficiência. Além disso, estas visões clássicas da organização assume-se um ponto de vista de gestão de cima para baixo, enfatizando a estrutura de autoridade da organização. O objetivo era obter desejos da administração superior, traduzidos em prática no chão de fábrica. Então, a tarefa foi projetar o trabalho de acordo com preceitos científicos e em seguida, fornecer um incentivo (geralmente trabalho por tarefa) para obter os trabalhadores a cumprir a vontade dos engenheiros industriais e gerentes.

Os pesquisadores de Hawthorne veio para abraçar uma visão muito diferente da empresa negócios. Eles concluíram que esse padrão de amizade

Psicólogos de industrial e organizacionais (i/o) estudar e avaliar a dinâmica individual, grupo e organizacional no ambiente de trabalho. Eles se aplicam a essa investigação para identificar soluções para problemas que melhoram o bem-estar e o desempenho das organizações e seus empregados.

Noções básicas sobre psicologia de empresarial

Do lado de fora, é fácil supor que o único determinante de um negócio bem sucedido é a rentabilidade. Afinal, a rentabilidade abre o caminho para o crescimento e mantém um negócio competitivo. No entanto, a rentabilidade é muitas vezes depende de vários fatores: um bom produto; equipes que se comunicar bem; e colaboradores motivados, bem treinados e comprometidos com os objetivos da empresa. Sucesso também está ligado à capacidade de uma empresa para identificar e resolver problemas no local de trabalho, tanto a nível individual e organizacional.

A psicologia é o estudo científico do comportamento humano no local de trabalho. Centra-se na avaliação individual, grupo e organizacional dinâmica e usando essa pesquisa para identificar soluções para problemas que melhoram o bem-estar e o desempenho de uma organização e seus colaboradores.

Os psicólogos / Olhem para questões tais como: como são tomadas as decisões? Comunicação é eficaz? Como membros da equipe interagir e colaborar? Saber as respostas a estas perguntas e muitos outros ajudam empresários avaliar onde alterar sistemas e dinâmica para melhorar a sua função de companhia.

Muitos psicólogos e especialistas em comportamento humano acreditam que o quociente de inteligência emocional de uma pessoa (EQ) pode ser mais importante para o sucesso que o quociente de inteligência da pessoa (IQ).

Existem muitas definições válidas da inteligência emocional. Nós gostamos de pensar nisso como os quatro quadrantes de uma matriz de dois por dois. Em um eixo, temos "Auto" e "Outros". No outro eixo, temos a "Entender" e "Influência". Vamos considerar cada quadrante abaixo.

1. compreender a mesmo

Aristóteles disse que o autoconhecimento é o começo da sabedoria. É verdade. Você tem que começar por compreender o que está acontecendo em sua própria cabeça. Você entende o que está deixando suas emoções? Se você está triste, azul, com raiva ou feliz, sabe por quê?

Isto pode parecer fácil, mas para muitos, não é. Para mudar o seu mundo, você tem que começar por compreender por que você está sentindo a maneira que você está se sentindo..--você tem que compreender a mesmo.

2. influenciar a mesmo

Esta é a sua capacidade de modificar seu próprio comportamento, conforme o caso. É sua capacidade de ser um controlador. Você está intrinsecamente motivado, ou você precisa de motivação extrínseca? Pessoas bem sucedidas são capazes de estabelecer metas pessoais, traçar um plano para atingir seus objetivos e implementar o plano..--eles são capazes de influenciar positivamente o seu próprio comportamento.

3. entender os outros

Compreender os outros é tudo sobre a empatia..--sua capacidade de compreender o que os outros estão sentindo e por que e para saber como suas palavras e ações serão recebidas por aqueles que o rodeiam. Sem empatia, você vai alienar as pessoas e nunca saber o porquê. É muito difícil ter sucesso sem compreender os outros.

4. influenciar os outros

Esta é a sua capacidade para motivar as pessoas efetivamente. Seu sucesso e eficácia estarão diretamente relacionados à sua capacidade de levar as pessoas a fazer o que você quer fazer. Isso não é manipulação. Manipulação é influenciar os outros de uma forma que beneficia você, mas pode ser ruim para eles. Motivar os outros sempre cria um impacto. Pessoas bem sucedidas são capazes de influenciar os outros de uma forma que beneficia a todos.

Inteligência emocional explica o sucesso nos negócios? Nós argumentam que o sucesso nos negócios é uma função de quatro coisas: seu IQ (como és inteligente), sua experiência prévia (incluindo a sua experiência de trabalho, educação e formação), o nível de esforço que você põe adiante e sua inteligência emocional (como definido acima).

A maioria das organizações são muito bons em avaliar os três primeiros. Eles podem avaliar IQ da pessoa olhando para as escolas que onde iam, desempenho acadêmico, os resultados dos testes padronizados, etc. Na verdade, os potenciais empregadores podem administrar um teste pré emprego para determinar a capacidade cognitiva em uma área relevante para o trabalho, e outras. Currículos esquematizar a experiência prévia do funcionário em potencial. Os empregadores usam realizações anteriores e referência verifica para determinar o nível de esforço que um empregado é susceptível de exercer.

Embora as empresas muitas vezes fazer um bom trabalho de avaliar os três primeiros elementos, raramente eles efetivamente avaliar a inteligência emocional. Não é surpreendente que o único elemento de sucesso para que as empresas não efetivamente da tela é o que diferencia o desempenho.

Candidatos a emprego tem que ser forte nas outras três dimensões para receber uma oferta. No entanto, a inteligência emocional efetivamente mais frequentemente não é medida. Portanto, candidatos podem ser fraco com esta dimensão e ainda conseguir o emprego. Infelizmente, esta fraqueza provavelmente impedirá que sucesso.

Embora muitos ignorá-lo, inteligência emocional é fundamental para o sucesso de uma pessoa no negócio. A boa notícia é que ele pode ser medido e pode ser melhorado.

O QUE É COACH OU COACHING?

Coach quer dizer treinar, em inglês. Coaching, treinamento. De acordo com o IIC, International Institute of Coaching, "o Coaching é uma forma simples porém efetiva de desenvolvimento entre o cliente e o Coach, que sustém e mantém o crescimento da personalidade e das competências". A palavra Coach é utilizada para o profissional que atua com Coaching e o cliente é chamado de Coachee.

Como o próprio nome já diz, o Coaching Executivo trabalha em função do aumento das competências profissionais para pessoas que possuem ou almejam possuir cargos executivos em médias ou grandes empresas. Os objetivos em geral são para que o cliente fique à vontade para crescer profissionalmente. Por exemplo, quando alguém sobe de cargo ou é promovido a uma posição de executivo, pode precisar "aprender" ou aperfeiçoar determinados comportamentos, como ser um líder, delegar, saber gerenciar o próprio tempo.

A ideia é semelhante ao Executive Coaching, mas é a empresa quem contrata o serviço de coaching para que um funcionário ou grupo de funcionários consiga atingir os objetivos profissionais. Os treinamentos realizados pelo departamento de Recursos Humanos ou agências terceirizadas também se enquadram nesta categoria.

Podemos ajudar o paciente através da terapia psicológica ou através do Coaching. Algumas abordagens da psicologia, como as baseadas na psicanálise, vão abordar a dificuldade mas de uma outra forma que apenas a da sua resolução. Pois, por detrás deste sintoma, há a causa deste sintoma. Se tratarmos apenas o sintoma, a tendência é que ele retorne como um outro sintoma de medo, como o medo de andar de elevador ou o medo de dirigir, etc.

Este é um problema especialmente para os casos de doenças mentais moderadas ou graves. Imaginemos um caso de um paciente com transtorno obsessivo compulsivo, como, por exemplo, é o caso do personagem Monk, da série de mesmo nome. Ora, em um Coaching, o Coach poderia querer tratar apenas de um determinado sintoma como diminuir os sintomas de ordem ou limpeza. Porém, estes sintomas fazem parte de um quadro mais geral que só pode ser entendido quando soubermos o funcionamento de uma neurose obsessiva.

Além destes tipos de Coaching, podemos citar os seguintes que são auto-explicativos:

1) Coaching Pessoal (para a vida pessoal)

2) Coaching de Carreira

3) Coaching para relacionamentos (amorosos ou outros)

4) Coaching para pais

5) Coaching para Esportes

6) Coaching para Jovens

7) Coaching para escritores (com o objetivo de ajudar na redação ou publicação de textos como dissertações, teses de doutorado, livros e outros materias);

O Coaching é o método de desenvolvimento humano e maximização plena do potencial de realização mais eficaz da atualidade.

Advindo dos EUA, criado por Tim Gallwey, considerado o pai desta ferramenta de aceleração de resultados, o Coaching, que anteriormente era destinado somente a pessoas, passou também a aplicado no universo corporativo, revolucionando as estratégias de gestão de pessoas.

Ideal para pessoas que buscam entendimentos existenciais, a psicologia, através de profissionais qualificados, psicólogos, psiquiatras ou psicanalistas, ajuda o ser humano a melhorar a relação consigo e com o mundo.

COACHING

O processo de Coaching funciona através de perguntas que levam a pessoa à reflexão, potencializando seus pontos fortes e trabalhando seus pontos de melhoria, com foco em desenvolver as habilidades necessárias para que alcance seu estado desejado em um curto espaço de tempo.

É ideal para pessoas que estejam bem e decididas a avançar no aprimoramento pessoal ou profissional. Que estejam dispostas a vencer suas barreiras, tomar decisões e principalmente agir para dar uma nova direção em sua vida, com foco no alcance de metas e objetivos claros.

BENEFÍCIOS

Melhoria na comunicação;

Flexibilidade;

Inteligência e controle emocional;

Resiliência;

Autoconhecimento;

Revitalização funcional;

Autocontrole;

Autodesenvolvimento;

(Re)descoberta de possibilidades de ação em todos os âmbitos da vida do indivíduo;

Desenvolvimento e aprimoramento de habilidades e capacidades;

Relacionamento interpessoal;

Foco;

Gestão de tempo;

Planejamento estratégico;

Definição de metas e objetivos alcançáveis;

Desenvolvimento de um Plano de Ação.

Psicologia Positiva e o Coaching podem converter as suas emoções em ações transformadoras, trazendo resultados tangíveis tanto para a sua vida profissional quanto pessoal.

A Psicologia Positiva contempla técnicas validadas cientificamente por diversas instituições para mensurar o aumento nos níveis de satisfação e felicidade das pessoas. Com base em inúmeros estudos voltados à análise de recursos internos do ser humano, constata-se que as emoções interferem diretamente na performance do indivíduo ao lidar com as tarefas do dia a dia, em seu crescimento pessoal e profissional, na qualidade das relações que estabelece, mais especificamente, em sua maneira de relacionar-se com o mundo.

Ciências aplicadas

Negócio de psicologia é uma ciência que investiga como tornar mais eficaz a pessoas e organizações. Ele usa métodos científicos de investigação social para estudar as pessoas, os locais de trabalho e das organizações a fim de melhor alinham seus múltiplos e às vezes competindo precisa. Seu objetivo é criar relacionamentos saudáveis e produtivos, entre pessoas e organizações para benefício mútuo.

Como uma ciência aplicada, psicologia de negócios ditam a organizações que constitui prática organizacional eficaz. Tem uma relação de reciprocidade com negócios e desenha ideias daqueles com experiência do que funciona no trabalho. Isso permite que a pesquisa psicológica a aplicação pragmática e de forma adequada à situação. Ele também permite uma fertilização cruzada de experiência de trabalho em psicologia e do conhecimento acadêmico e o rigor da psicologia nos negócios.

Com as empresas tendo que se concentrar em lucros, pode parecer frívolo para dar atenção às questões psicológicas. Ainda Psicologia Organizacional pode realmente melhorar a sua linha inferior, solucionando os problemas que podem estar dificultando a produtividade, crescimento, habilidades de resolução de problemas e o moral dos funcionários.

Analisando a cultura corporativa e as interações do indivíduo/grupo

desenvolver e avaliar técnicas de seleção e avaliação de funcionário

avaliação de estratégias corporativas de funcionário e liderança motivação

identificar causas de — e resoluções para — conflitos internos

Assessoria de gestão do potencial impacto psicológico e social das políticas corporativas

0 psicólogos empregam psicológico medição e pesquisa descobertas relacionadas ao ser humano habilidades, motivação, percepção e aprendizagem na busca melhorar o ajuste entre as necessidades da organização do trabalho e os das pessoas que preenchem.

Normalmente a formação em psicologia I/O requer um mestrado ou praticantes de pH.d. também pode ser afiliados com uma ou mais associações profissionais para o campo. A sociedade de psicologia Industrial organizacional (STOP), a maior organização profissional que representa os psicólogos 1/0 e uma divisão da American Psychological Association, tinha cerca de 2.000 membros a partir de 1999.

Métodos de pesquisa

Psicologia de negócios emprega ampla gama de métodos de pesquisa científica social para investigar o que constitui melhor prática organizacional. Ele usa uma combinação de métodos qualitativos e quantitativos e considera os dois tipos de evidência igualmente legítimo. Métodos de coleta de dados comuns incluem questionários, inquéritos, grupos de foco, entrevistas e estudos de caso. Técnicas analíticas comuns incluem estatística descritiva e inferencial, temática e análise de conteúdo.

Prática

Profissionais da psicologia de negócios geralmente funcionam da seguinte maneira:

Aconselha - praticantes dar conselhos sobre uma vasta gama de pessoas questões no trabalho – de carreiras de mudança organizacional em larga escala. Eles também são profissionais independentes que podem ser confiáveis para oferecer uma perspectiva imparcial, cientificamente credível.

Diagnosticar – praticantes ajudam as organizações a compreender melhor os problemas e desafios (por exemplo, alta rotatividade e baixo engajamento). Eles usam métodos de investigação científica social para investigar o comportamento humano no trabalho.

Design soluções para desafios organizacionais praticantes. Por exemplo, eles podem projetar uma ferramenta psicométrica para ajudar funcionários de melhor selecionar uma organização ou um exercício de avaliação.

Entregar – praticantes frequentemente implementam soluções para problemas organizacionais para clientes. Seu papel é, geralmente, para facilitar uma solução e não para apropriar-se do problema para o cliente.

Avaliar – praticantes medem a eficácia das intervenções. Demonstra evidências de benefícios individuais e organizacionais são um princípio básico da Psicologia empresarial.

Áreas de negócio psicologia

Psicologia de negócios pode ser aplicada a quase qualquer problema de pessoas no trabalho. Todavia, há vários domínios bem estabelecidos da Psicologia empresarial. Estes incluem:

Seleção e avaliação

Desenvolvimento organizacional

Coaching

Desenvolvimento de liderança

Aprendizagem e desenvolvimento

Gestão de talentos

Engajamento dos funcionários

Ambientes de trabalho seguros

Avaliação e gestão de desempenho

Cultura

Saúde e bem-estar no trabalho

Testes psicométricos

Inteligência Emocional

Inteligência emocional é amplamente conhecida por ser um componente chave de uma liderança eficaz. A capacidade de ser perceptivamente em sintonia com você mesmo e suas emoções, bem como ter consciência situacional som pode ser uma ferramenta poderosa para liderar uma equipe. O ato de saber, o entendimento e a responder às emoções, superando o estresse no momento e estar ciente de como suas palavras e ações afetam os outros, é descrito como inteligência emocional. Inteligência emocional para liderança pode consistir destas cinco atributos: autoconsciência, autogestão, empatia, gestão de relacionamento e comunicação eficaz.

Ser capaz de relacionar comportamentos e desafios da inteligência emocional no desempenho do local de trabalho, é uma imensa vantagem na construção de uma equipe excepcional. Um dos fatores mais comuns que leva a problemas de retenção é deficiências de comunicação que criam o desengajamento e dúvida.

Um líder que falta de inteligência emocional não é capaz de efetivamente mensurar as necessidades, desejos e expectativas daqueles que levam. Líderes que reagem de suas emoções sem filtrá-los podem criar desconfiança entre seus funcionários e podem seriamente comprometer suas relações de trabalho. Reagindo com emoções irregulares pode ser prejudicial a cultura global, atitudes e sentimentos positivos para a empresa e a missão. Bons líderes devem ser autoconsciente e entender como a sua comunicação verbal e não verbal pode afetar a equipe.

De fato, a inteligência emocional — a capacidade para, digamos, entender o seu efeito sobre os outros e gerenciar a mesmo nesse sentido — para quase 90 por cento do que move as pessoas até a escada quando QI e habilidades técnicas são mais ou menos semelhantes.

Embora muitos participantes são surpreendidos pelos resultados, pesquisa científica provou o ponto. Daniel Goleman, o bem conhecido autor e psicólogo que colocar a inteligência emocional no mapa empresarial, encontrou que, além de certo ponto, há pouca ou nenhuma correlação entre QI e altos níveis de sucesso profissional.

Precisa de uma inteligência acima da média — que Goleman define-se como um desvio padrão da norma ou um QI de cerca de 115 — a dominar o conhecimento técnico necessário para ser um médico, advogado ou executivo de negócios. Mas uma vez que as pessoas entram a força de trabalho, QI e habilidades técnicas são frequentemente iguais entre aqueles em ascensão. A inteligência emocional torna-se um diferencial importante .

De fato, a inteligência emocional — a capacidade de, por exemplo, compreender o seu efeito sobre os outros e gerenciar-se conformemente — para quase 90 por cento do que move as pessoas até a escada quando QI e habilidades técnicas são mais ou menos semelhantes (ver "O que faz um líder" na Harvard Business Review, janeiro de 2004).

A pesquisa também demonstrou que a inteligência emocional tem um forte impacto sobre o desempenho organizacional. Sanofi, a companhia farmacêutica francesa, enfoca as habilidades da inteligência emocional de sua força de vendas, que impulsionou o desempenho anual de 12% (veja a pesquisa de S. Jennings e B.R. Palmer em "Vendas desempenho através de inteligência desenvolvimento emocional," organizações e pessoas, 2007). Depois Motorola proporcionado formação EI pessoal em uma unidade de produção, a produtividade de mais de 90 por cento daqueles treinados subiu (Bruce Cryer, Rollin McCraty e Doc Childre: "Puxar o plugue no Stress," Harvard Business Review, julho de 2003).

A inteligência emocional aumenta desempenho corporativo para um número de razões. Mas talvez o mais importante é a capacidade de gestores e líderes, para inspirar o esforço discricionário — na medida em que os funcionários e equipe Membros ir acima e além da chamada do dever.

O núcleo do EI alta é a consciência de si: se você não compreender suas próprias motivações e comportamentos, é quase impossível desenvolver uma compreensão dos outros. A falta de autoconsciência também pode frustrar a sua capacidade de pensar racionalmente e aplicar capacidades técnicas.

Os indivíduos são muito mais inclinados a ir a milha extra, quando perguntado por uma pessoa empática que respeitam e admiram. Embora o esforço discricionário não é infinito, gestores com baixa inteligência emocional terá muito menos desenhar. Se uma organização tem um quadro de líderes emocionalmente inteligentes, multiplicam tais esforços discricionários.

O alicerce do EI: autoconsciência

A capacidade de ser um líder emocionalmente inteligente é baseada em 19 competências em quatro áreas: autoconsciência, autogestão, consciência social e gestão de relacionamento.

O núcleo do EI alta é a consciência de si: se você não compreender suas próprias motivações e comportamentos, é quase impossível desenvolver uma compreensão dos outros. A falta de autoconsciência também pode frustrar a sua capacidade de pensar racionalmente e aplicar capacidades técnicas.

Duas partes do cérebro estão constantemente lutando pelo controle. O neocórtex é o centro cognitivo, onde residem a nossa QI e memória de trabalho. Em média, em um estado emocional normal, o neocórtex pode processar um fatorial de quatro variáveis, que é 24 possíveis inter-relações.

Habilmente manipular diversas variáveis é fundamental para executar tarefas importantes, tais como desenvolvimento de uma estratégia, melhorar um processo complicado, definindo prioridades, entender as consequências e respigar insights afiados de dados e informações.

A amígdala é o lado do sentimento do cérebro, nosso centro emocional. Como parte do nosso cérebro, preocupado com a nossa sobrevivência, ele responde 100 vezes mais rápido que o neocórtex. Tal resposta é particularmente útil quando confrontado com uma situação potencialmente ameaçadora.

Mas porque ele pode ser desencadeada por ameaças reais e percebidas, podemos cair na armadilha de imaginar o pior antes que nós temos todos os fatos. Como muitos de nós, quando confrontados com um rumor de demissões, são rápidos a imaginar o pior cenário possível aprendermos a verdade?

Quando as emoções sequestrar nossa habilidade de raciocinar

Quando o lado de sentimento ou o nosso cérebro é acionado, ele sequestra nosso sistema cognitivo. Com a menor provocação, nossa capacidade de aplicar a razão e da lógica pode cair em 75 por cento.

Para ajudar a entender as competências de inteligência emocional necessárias para uma liderança eficaz, recomendo que determinar qual a sua posição o abaixo elementos.

Autoavaliação: Isto pode ser definido como tendo a capacidade de reconhecer os drivers, pontos fortes, pontos fracos, valores e as próprias emoções e entender seu impacto sobre os outros.

Autorregulação: Também conhecido como disciplina. Isto envolve controlar ou redirecionando nossas emoções disruptivas e adaptando-se para mudar a situação a fim de manter a equipe se movendo em uma direção positiva.

Os líderes não pode perder a calma. Sendo calmo é contagiosa, como é o pânico. Quando você assumir um papel de liderança, que você não pode mais dar ao luxo de entrar em pânico quando as coisas ficam estressantes. Quando você ficar calmo e positivo pode pensar e se comunicar mais claramente com sua equipe.

Empatia e compaixão: empatia é a capacidade de colocar-se no lugar de outra pessoa e entender como eles podem sentir ou reagir a uma certa situação. Quando um tem empatia, a capacidade de sentir compaixão está aberta. A emoção que sentimos em resposta ao sofrimento que motiva um desejo de ajudar.

Gestão de relacionamento: Não pode fazer ligações profundas com os outros, se você está distraído. Muitos de nós têm famílias, outras obrigações e uma lista de afazeres de louco, mas construir e manter relacionamentos saudáveis e produtivos são essencial para a capacidade de ganhar maior inteligência emocional.

Você deve ter a capacidade de comunicar eficazmente e gerir adequadamente os relacionamentos para mover um grupo de pessoas em uma direção desejada.

Comunicação eficaz: Nas equipes do selo que você tem que fazer três coisas na perfeição para ser um membro eficaz do operador e equipe: mover, atirar e se comunicar. Comunicação, sendo da maior importância. Estudos mostram que a comunicação eficaz é de 7% as palavras que dizemos e 93% Tom e linguagem corporal.

O que a inteligência emocional tem a ver com negócios?

A inteligência emocional envolve ser sensível e perspicaz de emoções de outras pessoas e ter a capacidade de facilitar intuitivamente a melhoria do desempenho com base em conhecimentos. O moderno local de trabalho é caracterizado por um respeito mútuo entre os funcionários e seus supervisores, trabalho em equipe e comunicação aberta. Possuir inteligência emocional permite que os gestores a entender melhor e motivar as pessoas que supervisionam.

Indivíduos que vêm da velha escola filosofia de gestão pela intimidação frequentemente encontrar desafio de adaptar o seu estilo de gestão para as demandas dos trabalhadores de hoje. No ambiente empresarial moderno, gestores autoritários são muito menos propensos a ter sucesso a longo prazo do que aqueles que utilizam um estilo democrático de gestão. Se você quiser ter sucesso no mundo dos negócios, agora e no futuro, é importante que você entenda o papel da inteligência emocional nos negócios hoje.

Gestão e inteligência emocional

Os gerentes que possuem inteligência emocional abordagem responsabilidades de supervisão de uma perspectiva diferente que os gestores autoritários. Eles entendem a importância de comunicar eficazmente com os membros do pessoal e de tratar cada funcionário com respeito. Aqueles que querem ser gerentes eficazes do século XXI são bem servidos por desenvolver uma compreensão mais profunda do conceito de inteligência emocional e aplicá-la às suas estratégias de gestão.

Inteligência Emocional (Daniel Goleman), e, finalmente, as

empresas brasileiras (incluindo-se as consultorias de RH reconhecidas em sua

competência profissional), estão assumindo que além da capacidade intelectual

e competência técnica, os candidatos devem ser investigados em suas qualidades

pessoais como iniciativa, liderança, adaptabilidade, empatia ou capacidade

de persuasão. De fato, a maioria dos nossos clientes tem seguido a tendência

de relegar o coeficiente intelectual a um segundo plano, pedindo-nos para dar mais

importância à autoestima, autocontrole, dedicação, integridade e

comunicabilidade, além das qualidades mencionadas anteriormente. Temos,

assim, acompanhado, por conseguinte, a preferência em considerar um

profissional como sendo brilhante muito mais por sua capacidade de trabalhar em

equipe e por saber maximizar a produção do grupo do que por qualidades ditas

como sendo de "aplicação individual". Evidentemente, isso nos fez adotar a

prática de avaliar candidatos não só em seu raciocínio lógico e capacidade

analítica como também em sua inteligência emocional. Os dados que confirmam

estas tendências se baseiam nas pesquisas realizadas em mais de 500 empresas no

mundo, as quais também concluem que a inteligência emocional afeta, do mesmo

modo, a todos no ambiente de trabalho, dos postos mais modestos aos altos cargos

de direção.

A prática tem demonstrado que a adoção desse

conceito nos processos de seleção só tem gerado bons resultados; por exemplo,

como a inteligência emocional é um catalisador positivo no processo decisório

individual (graças às experiências anteriores), os profissionais escolhidos

com base nessa avaliação são aqueles aptos a tomarem as decisões mais

acertadas.

Ter um controle sobre o fluxo das emoções e a capacidade de refrear impulsos é uma qualidade
essencial para conseguir ter sucesso e um bom relacionamento interpessoal com todos a sua volta.

Hoje a inteligência emocional acabou se tornando uma condição indispensável para o planejamento de atividades empresariais no que se refere à liderança, gestão e organização. Desenvolver Inteligência emocional pode trazer mudanças radicais para o ambiente de trabalho, pois as relações interpessoais entre profissionais formam um fator prioritário à conquista da excelência em todas as áreas.

"Quando nossa saúde emocional está em mau estado, então é o nosso nível de autoestima. Temos que desacelerar e lidar com o que está nos incomodando, assim podemos desfrutar a simples alegria de ser feliz e em paz conosco mesmos."

— Jess Scott

Inteligência emocional (EQ ou EI) pode ser definida como a capacidade para entender, gerenciar e efetivamente expressar seus próprios sentimentos, bem como envolver-se e navegar com êxito com os dos outros. De acordo com talento inteligente, 90% dos artistas altos no local de trabalho possuem alta EQ, enquanto 80% dos artistas de baixos têm baixa inteligência emocional de EQ. é absolutamente essencial para a formação, desenvolvimento, manutenção e reforço das relações pessoais próximas. Ao contrário do QI, que não altera significativamente durante toda a vida, nossa EQ pode evoluir e aumentar com nosso desejo de aprender e crescer.

Inteligência emocional (EQ) é a capacidade de identificar, utilizar, compreender e gerenciar suas próprias emoções de forma positiva para aliviar o stress, comunicar-se eficazmente, empatia pelos outros, superar desafios e desarmar conflitos. Esta habilidade também nos permite reconhecer e entender o que os outros estão experimentando emocionalmente. Esse reconhecimento e compreensão é, na maior parte, um processo não-verbal que informa o pensamento e influencia o quão bem você se conectar com os outros.

Inteligência emocional difere de como pensar em capacidade intelectual, inteligência emocional é um erudito — não adquirido. Esta aprendizagem pode ocorrer em qualquer momento da vida, então o conjunto de habilidades sociais e emocionais, conhecido como inteligência emocional, é algo que todos nós podemos ter.

É importante lembrar que há uma diferença, no entanto, entre a aprender sobre inteligência emocional e aplicar esse conhecimento para sua vida. Só porque você sabe que você deve fazer algo, não significa que você será — especialmente quando você tornar-se oprimido por estresse, que pode substituir as suas melhores intenções. Para permanentemente alterar o comportamento de uma forma que levante-se sob pressão, você precisa aprender a superar o estresse no momento e em suas relações, a fim de manter-se emocionalmente consciente.

Inteligência emocional é comumente definida por quatro atributos:

Autoconsciência – reconhece as suas próprias emoções e como elas afetam seus pensamentos e comportamento. Você conhece seus pontos fortes e fracos e ter autoconfiança.

Autogestão – você é capaz de controlar os comportamentos e sentimentos impulsivos, gerenciar suas emoções de forma saudável, tomar iniciativa, cumprir os compromissos e se adaptar às novas circunstâncias.

Consciência social – compreende as emoções, necessidades e preocupações de outras pessoas, pegar em sugestões emocionais, me sinto à vontade socialmente e reconhecem a dinâmica do poder em um grupo ou organização.

Gestão de relacionamento você sabe como desenvolver e manter bons relacionamentos, comunicar com clareza, inspirar e influenciar os outros, trabalhar bem em equipe e gerenciar conflitos.

EI é fundamental para nossa experiência de vida e pode influenciar o sucesso que nós somos em nossos relacionamentos e carreiras. Qualquer fase da vida você está, você pode usar os sete passos simples abaixo para melhorar sua inteligência emocional e desenvolver sua consciência e empatia.

Prática observando como você se sente

No processo de apressando-se de um compromisso com os próximos, prazos de reunião e respondendo às demandas externas, muitos de nós perderem o contato com nossas emoções. Quando fazemos isso, somos muito mais propensos a agir inconscientemente, e podemos perder as informações valiosas que contêm as nossas emoções.

Sempre que temos uma reação emocional para algo, estamos a receber informações sobre uma determinada situação, pessoa ou evento. Experimentamos a reação pode ser devido à situação atual, ou pode ser que a situação atual é lembrando-nos de uma memória dolorosa, não transformada.

Quando nós pagamos a atenção para como nos sentimos, aprendemos a confiar em nossas emoções, e nos tornamos mais aptos a gerenciá-las. Se você está se sentindo fora de forma, tente o seguinte exercício:

Defina um temporizador para vários pontos durante o dia. Quando o timer dispara, tomar algumas respirações profundas e observe como você se sente emocionalmente. Preste atenção para onde essa emoção está aparecendo como uma sensação física em seu corpo e o que sente a sensação. Quanto mais você pode praticar isto, quanto mais ele se tornará segunda natureza.

Preste atenção a como você se comporta

Como eu mencionei acima, uma parte fundamental de melhorar nossa EI é aprender a gerenciar nossas emoções, que é algo que só podemos fazer se estamos conscientemente cientes deles.

Enquanto você está praticando sua consciência emocional, preste atenção ao seu comportamento também. Observe como você age quando você está experimentando certas emoções e como isso afeta sua vida diária. Isso afeta sua comunicação com os outros, sua produtividade ou seu sentimento geral de bem-estar?

Uma vez que nos tornamos mais conscientes de como nós está reagindo às nossas emoções, é fácil de calçar modo de julgamento e começar a anexar rótulos para nosso comportamento. Tente absterse de fazer isso agora, como você vai ser muito mais provável ser honesto com você mesmo se você não está julgando-se ao mesmo tempo.

Assumir a responsabilidade por seus sentimentos e comportamento

Esta é provavelmente a etapa mais desafiadora, e é também o mais útil. Seu comportamento e emoções vêm de você — eles não vêm de qualquer outra pessoa — portanto, você é quem é responsável por eles.

Se você se sentir ferido em resposta a algo que alguém diz ou faz e você se revolta contra eles, você é responsável por isso. Eles não "fazem" te chicotear para fora (eles não estão controlando você com cordões de marionetes, afinal!), sua reação é de sua responsabilidade.

Igualmente, os seus sentimentos podem fornecer informações valiosas sobre a sua experiência de outra pessoa, bem como suas próprias necessidades e preferências, mas seus sentimentos não são de responsabilidade de outra pessoa.

Uma vez que você começa a aceitar a responsabilidade por como você se sente e como se comportar, isto terá um impacto positivo em todas as áreas da sua vida.

Prática a responder, em vez de reagir

Há uma sutil mas importante diferença entre responder e reagir.

Reagir é um processo inconsciente, onde podemos experimentar um gatilho emocional e se comportam de forma inconsciente que expresse ou alivia essa emoção (por exemplo, sentindo-se irritada e encaixe na pessoa que apenas tenha interrompido a você).

Responder é um processo consciente que envolve perceber como se sente e, em seguida, decidir como você deseja comportar-se (por exemplo, sente-se irritado, explicando à pessoa como se sente, porque isto não é uma boa hora para interromper e quando seria melhor).

Praticar empatia com si e aos outros

Empatia é sobre entender por que alguém se sente ou se comporta de uma determinada maneira e ser capaz de comunicar essa compreensão a eles. Aplica-se a mesmos e outras pessoas, e praticar esta habilidade melhorará seu EI.

Comece praticando com você mesmo. Quando você notar se sentindo ou se comportar de uma certa maneira, perguntar "Por que acho eu estou me sentindo assim / fazendo isso?" Em primeiro lugar, sua resposta pode ser "Não sei," mas continue prestando atenção a seus sentimentos e comportamento, e vai começar a notar respostas diferentes a chegar.

Criar um ambiente positivo é necessário.

É preciso uma ampla gama de habilidades para ter sucesso, e enquanto a visão e novas ideias criativas são críticas, expandindo a pesquisa mostra a importância da inteligência emocional (EI) como um ingrediente importante para uma liderança eficaz.

Um estudo mostrou que 90% dos top performes são elevados em inteligência emocional. Escolas de negócios de topo estão começando a olhar para os níveis de inteligência emocional, como critérios de admissão, juntamente com as notas do ensino médio. A boa notícia é que todo mundo pode aumentar sua EI, independentemente do seu nível. Aqui estão algumas áreas para olhar.

AUMENTAR SUA AUTOCONSCIÊNCIA

Grandes líderes fazem eles mesmos e a melhoria pessoal, um projeto ao longo da vida. Eles encontram pessoas que irão apontar a verdade sobre como eles vêm do outro lado para os outros e áreas que eles poderiam melhorar. Eles procuram organizações que acomodá-los ou contratar um treinador que lhes dará feedback honesto. Os líderes reconhecem e aceitam que eles são um trabalho em andamento e estão sempre se esforçando para melhorar. Eles veem suas falhas como oportunidades de melhoria e passam essa consciência e oportunidade para outros Júnior a mesmos.

Inteligência emocional no trabalho

Como lidar com um chefe com Zero inteligência emocional

DESENVOLVER SUAS HABILIDADES DE ESCUTA

No campo da família de comunicação, habilidades de escuta sempre foram os primos pobres, não recebendo a atenção e o respeito que merecia. Bons líderes, no entanto, foram sempre cientes da importância de ouvir. Eles reconhecem que todos nós temos um forte desejo de ser ouvido. De se desenvolver boas habilidades de escuta, que não só recebemos informações mais cruciais, somos capazes de se conectar com outras pessoas através de buscar significados e mensagens por trás da palavra falada.

Normalmente quando ouvimos, estamos pensando em uma resposta, que nos impede de ouvir realmente a outra pessoa. Em um seminário de casais, que meu parceiro e eu tirei, aprendemos uma ótima técnica para o desenvolvimento de habilidades de escuta. Um de nós gostaria de falar por alguns minutos. A outra pessoa não foi autorizada a falar durante esse tempo. No final, a outra pessoa repetiria volta para o alto-falante o que disseram, ou o que eles pensavam que eles ouviram. Palestra é um ótimo momento para pegar as habilidades de falar em público e a confiança que se desenvolve a capacidade de ouvir. As reuniões incluem muitas oportunidades para dar um feedback que exigem ouvir concentrado.

MOSTRAR UM INTERESSE GENUÍNO NAS PESSOAS QUE VOCÊ LIDERA

Um líder emocionalmente inteligente não só aprende nomes de todo mundo que trabalha em sua empresa, mas descobre-se tanto com seu pessoal quanto possível. Ele ou ela descobre o que é importante para eles, suas famílias, hobbies e interesses especiais. Mostrar um interesse na vida pessoal dos funcionários proporciona a sensação que eles são valorizados como pessoas, em vez de engrenagens em uma máquina.

Um gerente chegou ao ponto de manter pequenos ficheiros de informação pessoal sobre detalhes importantes na vida de todos os funcionários para ajudá-lo a lembrar. Quando ele sabia que ele estaria falando com eles ele teria rapidamente repassar o arquivo, em seguida, perguntar-lhes sobre algo que tivesse significado. Muitas vezes eram totalmente espantados em como ele poderia lembrar tanto sobre o grande número de funcionários em suas fileiras.

DESENVOLVER A CAPACIDADE DE GERENCIAR SEU (E DOS OUTROS) EMOÇÕES

Enquanto gerenciar emoções no local de trabalho é uma habilidade importante para todos, é crucial para os líderes como eles dão o Tom no local de trabalho. Em vez de reagir com suas emoções, líderes com alta EI são capazes de processar informações e responder depois que eles já pensaram sobre a situação. Eles são capazes de pegar os sentimentos subjacentes por trás das palavras faladas. Esta é uma habilidade crucial para um líder que quer desenvolver estreita relações de trabalho com e a lealdade do pessoal.

Primeiro, os funcionários querem ser ouvidos. Muitas vezes, não há nenhuma solução fácil ou rápida para o problema. Um líder com uma boa dose de EI frequentemente pode difundir essa raiva ouvindo e reconhecendo os sentimentos. Um sinal certo de um local de trabalho que tem líderes com baixa EI é que sentimentos negativos são nunca reconheceu, mas simplesmente deixados para apodrecer e crescer.

DESENVOLVER UM FORTE SENSO DE APRECIAÇÃO

Se perguntou o que eles são agradecidos por, bons líderes será capazes de subir rapidamente com uma longa lista. Eles são sempre apreciativo e conhecedora do fato de que eles têm outros para agradecer por ter a onde eles estão.

Uma forma de gratidão em desenvolvimento é manter um livro de gratidão, e todas as manhãs antes de você fazer alguma coisa, anote dez coisas que você é grato para. Isso ajuda a manter uma atitude positiva e motivação ao longo do dia. Outra ótima maneira é voluntário e gastar tempo ajudando os menos afortunados. Autoconscientes líderes sempre consideram como eles gostariam de ser tratados quando lidando com aqueles relatórios para eles. Eles dão generosamente do seu tempo e recursos para ajudar o pessoal que está lutando, bem como contribuir para sua comunidade.

Referências:

LA INTELIGENCIA EMOCIONAL , Daniel Goleman, Edit. Javier Vergara. LA INTELIGENCIA ARNHEIM, R. Arte & Percepção Visual: .... Rio de Janeiro: Agir, 1989, p. 211. GOLEMAN, Daniel. Inteligência emocional: a teoria revolucionária que redefine.

"As Técnicas da Inteligência Emocional que. Poderão ser Aplicadas no ... Definições identificadas por Daniel Goleman. (1995). ➢ Inteligência .... MARTIN, John.